Margot Forlin

Schöööne Clowns

Gegossene Clownfiguren bemalen

frechverlag

Dank:

Der Firma A. Gruber AG in Pfungen sowie der Firma Sonja Collection AG in Tuggen möchte ich vielmals für das Material danken, das sie mir zur Verfügung gestellt haben.

Meinen Kolleginnen R. Gruber, M. Palatini und U. Matzig, die mich tatkräftig unterstützt haben, das Buch so schnell für den Druck freizugeben, ein ganz herzliches Dankeschön.

Vielen Dank auch allen, die mir Filme, Bücher und Fotos ausgeliehen haben.

Fotos: frechverlag GmbH & Co. Druck KG, 70499 Stuttgart;
Fotostudio Ullrich & Co., Renningen

Auflage: 5. 4. 3. 2. 1. | Letzte Zahlen
Jahr: 1999 98 97 96 95 | maßgebend

frechverlag GmbH + Co. Druck KG, 70499 Stuttgart

ISBN 3-7724-2013-3 · Best.-Nr. 2013

Druck: frechverlag GmbH + Co. Druck KG, 70499 Stuttgart

Kaum den Pinsel ausgewaschen und die letzten Zeilen geschrieben für ein Buch über Seidenmalerei, und schon kommt eine neue Herausforderung auf mich zu.

Mit Clowns habe ich mich schon seit eh und je gerne beschäftigt. Ich nähte z.B. Stoffpuppen-Clowns mit charakteristischen Zügen der zu beschenkenden Person – einen Angler, Skifahrer, Musiker, Koch, Wanderer, eine Krankenschwester, Gärtnerin etc. – und immer erntete ich Begeisterung und herzlichen Dank.

Bei diesen neuen, aus Marmor gegossenen Clowns aus der „Sonja Collection" war es Liebe auf den ersten Blick. Die Rohlinge aus Marmorpulver (siehe Seite 6/7) sind wunderschön und bis ins kleinste Detail ausgearbeitet. Ein ausdruckstarkes Gesicht, die Fliege oder die Krawatte – alles wirkt so verblüffend echt. Es kommt sogar das Gefühl auf, man müßte den Clown an- und ausziehen können. Ob Hose, Hosenträger, Hemd oder Jackett, jede Falte ist am richtigen Ort. Bei den Knöpfen könnte man glauben, sie seien angenäht worden. Völlig begeistert war ich von dem Schuhwerk. Das ist so toll und einmalig, immer passend zum jeweiligen Clown, entweder clownig elegant mit Ledersohle und Mäschchen oder abgelatscht mit Schnürsenkel und Ösen – einfach Spitze! Ich finde diese Clowns schon unbemalt eine Augenweide.

Das Bemalen bereitet riesig Spaß. Dank der hervorragenden Qualität und der präzise gearbeiteten Einzelheiten können sich auch ganz ungeübte Maler an eine dieser Figuren wagen, und trotzdem bleibt noch viel Freiraum für eigene Ideen.

Viel Freude beim Gestalten
der schööönen Clowns wünscht Ihnen
Margot Forlin

Material

Verwendete Farben:

- *Hobby-Color, Farbtöne pastell, irisé etc.*
- *Allcolor opak*
- *Allcolor irisé*
- *Glitzer*
- *Jeans Fashion, vor allem Gold und Silber*
- *COLORPOINT-Relieffarbe (Stickmalfarbe)*
- *Gold- und Silber-Paste*
- *Gold- und Silber-Staub*
- *Lack: Matt-, Seidenglanz- und Hochglanz-Lack*
  - *Patina*

Hilfsmaterial:

- *Verschiedene Pinsel (00/0/4/8/+Stupfpinsel)*
- *Glasschälchen*
- *Becher (für Wasser, zum Auswaschen der Pinsel)*
- *Lappen zum Polieren*
- *Haushaltpapier (Küchenrolle)*

Einige Tips zum Bemalen der Clowns

Die nahezu perfekt vorgegossenen Linien vereinfachen das Bemalen sehr.

Das Gesicht

Mit Hautfarbe das Gesicht und die Hände grundieren, außer an den

Augen und um den Mund, da sollen weiße Stellen ausgespart bleiben.

Die Augen

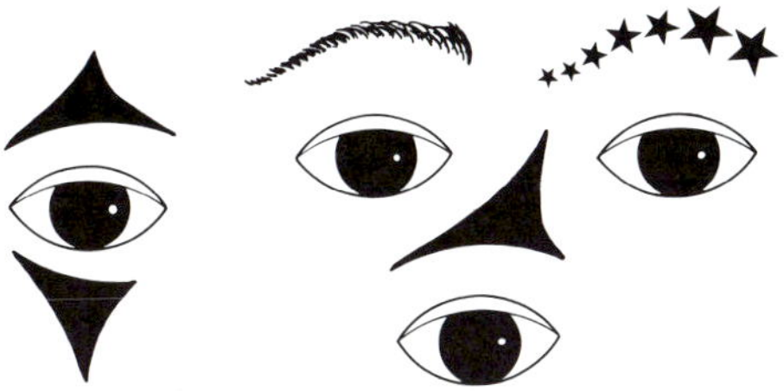

Mit kleinen Gänsefüßchen oder sogenannten Lachfältchen bewirkt man einen lächelnden, schmunzelnden oder fröhlichen Ausdruck.

Bei den Augenbrauen darf man so richtig spielen. Es müssen auch nicht beide Seiten gleich sein. Alles hochgezogen, rund und geschwungen macht freundlich, lustig oder erstaunt.

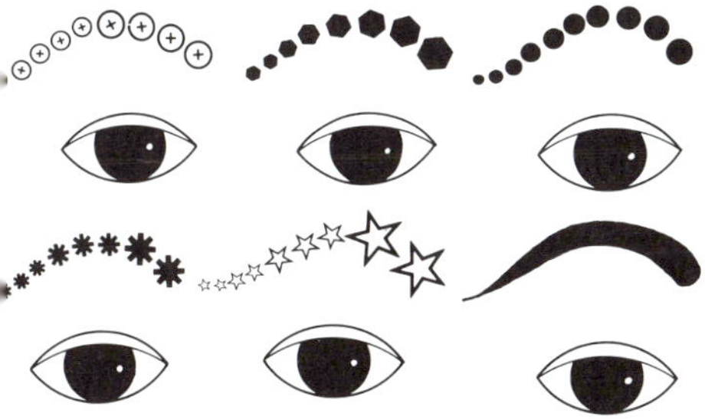

Nach unten gezogene Linien wirken traurig, nachdenklich oder müde.

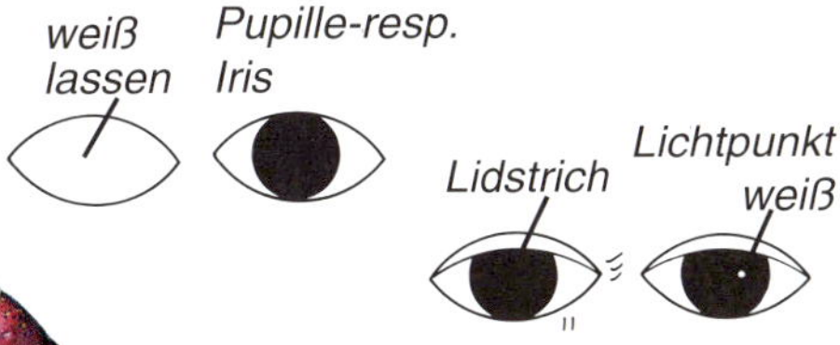

Ich glaube, daß es kein bis in alle Einzelheiten kunstvoll gemaltes Auge braucht. Die Pupille, je nach Stimmung leicht nach oben oder auf die Seite gemalt, ein Lidstrich und der Lichtpunkt geben dem Clown bereits den richtigen Blick.

Der Mund

Er verrät sehr viel über Persönlichkeit, Stimmung und Laune.
Den hier vorgezeichneten Mund kann man verändern, indem die Mundwinkel ganz wenig nach oben oder nach unten verlängert werden oder der ganze Mund viel breiter gemalt wird, vielleicht mit Grübchen oder Lachfältchen.
Mit wenig Farbe und spitzem Pinsel von innen nach außen arbeiten.

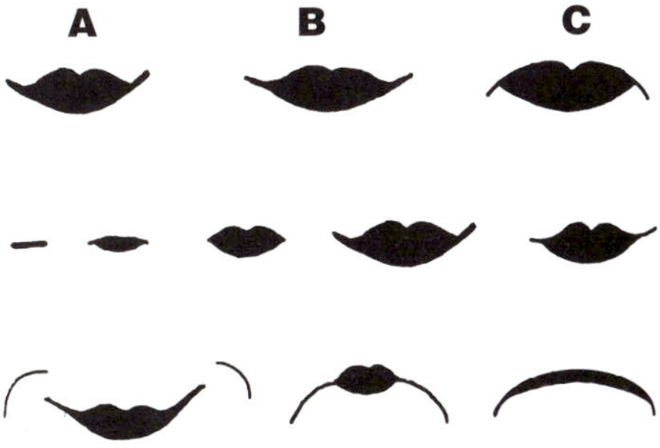

Die Nase
Ein Markenzeichen bei sehr vielen Clowns ist die rote Nase. Manchmal ist sie wie eine Kugel und knallrot, oder sie hat gut sichtbare, große Nasenlöcher. Oft ist die Clownnase vorwitzig, verlegen oder bettelnd nach oben gerichtet.

Kleider und Schuhe
Meistens können die Kleidungsstücke ganz einfach bemalt werden. Durch die schönen und tiefen Reliefs fallen Licht und Schatten automatisch richtig. Manchmal tupfe ich die noch nasse Farbe an der Oberfläche mit Haushaltpapier leicht ab. Das gibt den Kleidern einen getragenen, leicht abgewetzten Eindruck.
Man darf auch ruhig verschiedene Farben kombinieren und ab und zu mit Relieffarbe arbeiten. Tupfen, Streifen oder Karos, vielleicht ein Flicken auf dem Hosenboden oder Knie, das macht die Clowns so richtig lebendig und gibt uns Gelegenheit, außer mit den Farben auch mit anderen Kleinigkeiten zu spielen.

Einzelheiten werde ich jeweils beim entsprechenden Clown beschreiben.

So entstehen die Clown-Figuren:

Zusammen mit den Herstellern dürfen wir einen kleinen Rundgang durch die verschiedenen Herstellungs- und Produktions-Stufen machen, um etwas Einblick in die viele Handarbeit zu bekommen, die in jeder Figur steckt.

Zuerst werden die jeweiligen Künstler, ihre Familien, Nachkommen oder Agenturen angesprochen.
Mit dem vorläufigen Einverständnis zur Reproduktion werden Eindrücke, Fotos, Dias und Filme gesammelt.
Dann führt der Weg mit mehr oder weniger konkreten Vorstellungen zu einem anderen Künstler, dem Bildhauer oder Modelleur. Anhand der besprochenen Unterlagen entwirft der Steinmetz, Holzbildhauer oder Modelleur eine Skulptur.

Entspricht das neue Werk den Vorstellungen des Herstellers, so folgt das nächste Glied dieser Kette, der Formenbau.
Der Formenbauer stellt anhand der Skulptur eine Form für die Gießerei her.

Solche Marmorsteine werden gemahlen, und nach einem alten, geheimen Rezept wird ein Brei hergestellt. Es ist harte Handarbeit, die Formen zu füllen und mit einer Gipsmanschette zu versehen. Eine gefüllte Form mit Manschette wiegt zwischen 20 und 50 kg. Je nach Größe der Form können nur wenige in die Druckkammer gebracht werden.

Blick in die Gießerei

Nach dem Entweichen der Luft und der Feuchtigkeit werden die Formen herausgeholt, geöffnet und ausgelüftet. Bevor die vielen schönen Figuren in den Handel kommen, müssen sie noch gewaschen und da und dort etwas nachgeschliffen werden. Nach diesem Vorgang weisen die Figuren eine sehr feine und glatte Oberfläche auf und sind zudem auch noch wetterfest.

Bis dieses Buch gedruckt ist, gibt es sicher bereits wieder neue Persönlichkeiten aus gegossenem Marmor.

Der Clown – ein geschminkter Mensch

Farbe, Schminke, Make-up, das sind willkommene Hilfsmittel, um zu vertuschen, zu korrigieren oder zu betonen. Im Alltag braucht es nur wenig davon, etwas mehr jedoch im Theater und auf der Bühne.
Denn der Clown steht weit unten im Rampenlicht. Alles, was er sagen möchte, muß er mit seiner Mimik und Gestik herüberbringen, unterstrichen durch üppig aufgetragene Schminke und sogar durch seine Kleider. Meistens sind seine Kleider auffällig zu groß und zu weit, viel zu kurz oder zu lang.

Ohne Ton erzählt er seine Geschichte, nur ab und zu unterstützt vom Orchester.

Mundwinkel und Schultern fallen hinab, seine Augen sind leicht geschlossen. Demzufolge ist deutlich zu erkennen, daß der Schauspieler/Clown traurig ist.

Er tanzt und purzelt. Seine ganze Gestalt ist aufrecht. Die Augenbrauen und sein Kinn sind nach oben gerichtet. Das zeigt deutlich, wie lustig und fröhlich er ist.

Vielleicht macht er aber auch große, fragende Augen, zuckt mit den Schultern, oder seine Beinstellung ist steif und eckig – so zeigt er seine Ratlosigkeit.

Der Clown kann völlig stumm die verschiedensten Eigenschaften wie Zufriedenheit, Ruhe, Dankbarkeit, Erstaunen, Erschrockenheit ausdrükken, oder verstohlen, verliebt, verwundert, betrübt und glücklich sein.

Zusammen mit den Herstellern dieser Marmorclowns habe ich aus der aktuellen Kollektion eine Anzahl Clowns ausgesucht, um sie Ihnen näher vorzustellen.

Referenz

Referenz kann sowohl elegant schwarz-weiß-grau als auch total modisch, mit pfiffigen Farben, oder auch ganz fein mit Pastellfarben bemalt werden.
Nach dem Motto: „Die Rose in der einen und den Hut in der anderen Hand, erobere ich das ganze Land.“

Weiß:
Sehr dekorativ und elegant mit vielsagendem Blick. Aber, ob da wohl der Schneider gerade im Urlaub war...?

Bemalt:
Wenn ich nur Gedanken lesen könnte. Dieses leicht verschmitzte Gesicht mit dem vielleicht huldvollen, bittenden oder sogar verliebten Blick!
Hat er wohl eine Verehrerin?
Beim Gesicht Referenz´ bietet es sich an, seinen Ausdruck mit leicht nach oben oder nach unten gerichteten Pupillen oder Stirnfalten zu verändern. Seine Mundwinkel etwas mehr hochgezogen, und er schmunzelt noch geheimnisvoller. Die eleganten, aber gekonnt zu weiten Kleider werfen so schöne und tiefe Falten, daß sich ein Schattieren erübrigt.

Grün patiniert:
Referenz mit grüner oder schwarzer Acrylfarbe grundieren und trocknen lassen.
Mit einem Stupfpinsel schwarze oder grüne Farbe auftupfen und mit weichem Lappen wieder leicht abreiben.
Jetzt wird mit Goldpaste oder Goldstaub verziert, z.B. Sicherheitsnadel, Rose, Masche, Hut, einfach das, was man speziell betonen möchte.
Mit der Fingerkuppe Goldpaste oder Goldstaub aufnehmen und leicht gegen die Falten fahren, um den Lichteinfall zu betonen.
Zuletzt fixieren Sie mit Seidenglanz- oder Mattlackspray.

Holzpatina
Den ganzen Clown mit Konturenpaste bis in alle Vertiefungen gut einstreichen und trocknen lassen. Mit weichem Lappen polieren, eventuell ganz leicht vergolden und anschließend mit Seidenglanz besprühen.
Sehr originell ist die mit Goldfarbe bemalte Sicherheitsnadel, die über dem Bäuchlein alles zusammenhält.

Weiß lackiert (Abbildung Seite 12)
Hier nur das Gesicht und einige Extras wie den langgezogenen Kragen, die Krawatte, Fliege oder ein Instrument bemalen.
Die Figur bleibt sonst weiß und wird zuletzt mit einem Hochglanzlack bestrichen oder besprüht.
Zum Bemalen eignen sich Gold-, Silber-, Glitzer- oder Irisé-Farben.
Achtung, sehr sorgfältig arbeiten, damit keine Fingerabdrücke oder Flekken entstehen!

Referenz

Frederico

Clown mit Wäscheklammer

Diesen Clown brauche ich nur anzuschauen, und ich muß gleich schmunzeln.
Er hat ein lustiges Gesicht und eine verlegene Beinstellung.
Zuerst habe ich die Wäscheklammer mit Holzpatina angestrichen und poliert. Falls trotz vorsichtigen Arbeitens die Krawatte oder das Hemd mit Patina verfärbt sein sollte, so kann das nachher problemlos übermalt werden.
Die Metallfeder an der Wäscheklammer ist mit Silberfarbe bemalt, die Blumen auf der Krawatte sind mit COLORPOINT (Relieffarbe) aufgetupft. Beim Übergang zwischen zwei Kleidungsstücken sollte das eine fertig bemalt und trocken sein, damit beim angrenzenden Feld die Kante sauber angestrichen werden kann.
Eventuelle unsaubere Linien können auch hier beim Bemalen des nächsten Feldes sauber gezogen werden.

Frederico

Musikus

Clown mit Trompete

Als ob er seine Melodie verloren bzw. dem glücklichen Lächeln zufolge eben wieder gefunden hätte – aber wohl kaum in seiner Jackentasche, denn dort muß Platz sein für seine Hände. Er träumt wahrscheinlich gerade, wem er die Melodie vorspielen soll – jedem von uns, ganz persönlich!

Beim Musikus weiß ich kaum, auf welche Besonderheit ich hinweisen soll.
Auf den speziellen, fast losen Gürtel hinten am Jackett, auf sein allseits sehr beliebtes Instrument, die Trompete, oder auf die tollen Schuhe.
Ob diese Latschen noch bequem sind – zum Bemalen sind sie auf jeden Fall toll.
Die Trompete ist stark vergoldet, und die wunderschön abstehende Fliege mit Leuchtfarbe bemalt.
Zur Bemalung mit Patina vgl. Seite 10.

Oleg mit Vogel

Die Idee, eine Figur einmal auf Bücher zu setzen (vgl. Umschlag-Rückseite), oder die originell übereinandergeschlagenen Beine über den Rand eines Regals oder eines Schrankes herunterbaumeln zu lassen, finde ich super.
Es paßt auch zu seiner eleganten, ruhigen und feinen Art.
Ob er wohl zusammen mit dem Vögelchen seine nächste Nummer einstudiert, oder ob sie zusammen eine Melodie summen?
Vielleicht sinniert Oleg seinem großen Meister nach.
Die Felder bei der Mütze des Clowns sind abwechslungsweise schwarz bemalt und weiß ausgespart. Das markant rote Jackett und die leuchtend gelben Hosen verleihen ihm eine ganz besondere Note.
Der schwarz-weiße Lackhut und die Schuhe sind mit schwarzer Farbe eingefärbt und hochglänzend lackiert. Das graziöse Gesicht ist nur ganz dezent bemalt.

Koleg alias Popof

Clown, im Koffer sitzend

Ob Koleg hier wohl verzaubert wurde, nach dem weltbekannten großen Vorbild Oleg Popof, der ein wahrer Meister auf dem Hochseil und ein durchtrainierter und ästhetischer Akrobat war?
Sein Saxophonspiel ließ so manches Herz höher schlagen.
Mit seinen zarten, ebenmäßigen, ja fast knabenhaften Zügen und den besonders fein vorgegebenen Linien macht er den Eindruck, als ob er sagen möchte: „Das hättet ihr wohl nie gedacht, daß ich in diesen Koffer reinpasse und auch wieder selber heraussteigen kann."
Der Koffer ist mit dunkelbrauner Holzpatina angestrichen und mit einem weichen Lappen sofort wieder abgewischt worden. Das ergibt einen Ledereffekt, je unregelmäßiger, desto älter erscheint er.
Die Beschläge habe ich elfenbeinfarbig bemalt und bin mit dem Lappen der Patina leicht darübergefahren.

Drei Brüder: Primo, Sekondo und Terzo

Hört ihr sie, die Zirkusmusik? Gleich wird Sekondo den Schirm im Takt umherwirbeln und dazu steppen und tanzen. Sind sie nicht einmalig, die drei? Die unzähligen kleinen Einzelheiten bei Schirm, Krawatte, Manschetten, den vielen Knöpfen und den Hosenträgern bis hin zu den originellen Schuhen! Die drei Genossen sind nicht mehr so jung, aber sehr dynamisch und harmonisch. Hier sind sie alle farbig, aber dezent bemalt. Sie könnten natürlich auch in Schwarz-Weiß-Grau mit roten Nasen oder sehr farbig, z.B. violett, pink, grün, raffiniert aussehen. Es kommt immer darauf an, für wen und wohin ein Clown bestimmt ist.

Jongleur

Diese Stellung, diese Konzentration – gleich fliegen die Bälle in die Luft! Hoffentlich halten die Hosenträger…!
Mir gefallen die weiten, so stark nach oben gezogenen Hosen sehr gut, daher habe ich auch eine auffällige Farbe gewählt.
Der Flicken auf dem Knie ist mit Relieffarbe gemalt.
Für den kleinen Hut und die grüne Fliege habe ich eine elegant irisierende Farbe verwendet.

Faustino

Klein, aber ohooo...!
Abgeschaut bei einem lieben Kollegen in Italien.
Gemütlich sitzt er in der Manege auf dem Nummernsteg. Er schaut lächelnd, leicht stirnrunzelnd den großen Meistern zu.
Auf seinem Alleredelsten sitzend, mit aufgestützten Händen, die Beine über die Kante hängend, gemütlich und trotzdem ‚allzeit bereit' – zu was wohl?
Seine schöne Glatze, umrandet von den fliegenden orangefarbenen Haaren, sein blaues, abgetragenes Jackett und die verbeulten Schuhe, das ist nur eine von vielen Möglichkeiten, Faustino zu gestalten.
Ich könnte ihn mir auch ganz gut als sehr farbenprächtigen, kleinen Macho oder als einen etwas zerknitterten Gentleman in Schwarz-Weiß-Grau mit grünen Haaren vorstellen.

Rivel, Vater und Sohn

Die weltberühmten spanischen Rivels, Vater und Sohn, Clowns, Musiker und Akrobaten, haben während ihrer Auftritte alle Herzen höher schlagen lassen.
Sie glichen sich wie ein Ei dem andern, und ihr spezielles Markenzeichen waren ein überlanges, rotes Shirt, die eckige, rot bemalte Aluminiumnase und die silbernen Schuhe.
Diese beiden wunderbaren Artisten waren bekannt durch das leicht durch die Nase gesprochene s c h ö ö ö n des Vaters und den unschuldigen Blick des Sohnes.

Die beiden Rivels sind einzeln erhältlich. Ich habe sie hier in den Farben, in denen sie einst aufgetreten sind, bemalt, könnte sie mir aber auch mit orangefarbenen oder grünen Haaren und in einem hellblauen oder grasgrünen Shirt vorstellen.

Clown auf dem Stuhl

Es ist derselbe Clown wie der mit dem Kinderwagen (siehe Seite 33), aber einfach anders bemalt. Gelangweilt schauen die zwei feinen Herren in der Gegend herum. Ob wohl endlich jemand zu Hilfe kommt und die Bücher stützt? So einfach ist es nämlich gar nicht, auf diesem kleinen Stuhl in einer solch unbequemen Stellung zu stehen, und dies in sooo großen Galoschen! Als Bücherstützen könnten die Clowns aber auch

nit sehr ängstlichem Gesicht gemalt verden, so, als hätten sie furchtbare Angst, vom ‚hohen Stuhl' herabzusteigen.
Ob gelangweilt, ängstlich, höhnisch oder fröhlich lachend, dieser Clown vird bestimmt überall ‚gute Figur' nachen.
Alle Stühle sind mit dunkelbrauner Holzpatina behandelt.
Die Blümchen auf dem pinkfarbigen Mantel habe ich mit Relieffarbe gemalt.

Clown mit Kinderwagen
Papa, Kind und Wagen

Wie „der Vater mit dem Sohne" oder „der Apfel fällt nicht weit vom Stamm".
Was mögen diese beiden wohl im Schilde führen?
Das Gesicht sieht so vielwissend und verschmitzt aus.
Die Mundwinkel sind stark nach oben gezogen, und die einzelnen Härchen seiner Augenbrauen stehen vorwitzig hoch.
Sein ganzes Gesicht ist offen.
Wenn das Kind sprechen könnte, würde es wahrscheinlich sagen: „Wenn ihr wüßtet, was ich weiß...!"
Die Verzierungen am Kinderwagen und die Punkte auf dem Mantel sind mit COLOR-POINT reliefartig gemalt.
Ganz chic sehen die beiden auch in schimmernden Metallicfarben aus, z.B. Hose violett, Jackett pink mit farbigen Punkten, schwarze Fliege und schwarzer Hut mit pinkfarbigem Band, dazu freche grüne Haare.
Die wunderschönen typischen Clownschuhe habe ich elegant lackiert.

GRAND HOTEL
PREANGER
LUGANO-PARADISO

Grock

Grock war der König der Clowns. Sein n i i i d m ö ö ö g l i c h ! und das in allen Tonarten ausgesprochene w a a a r u m / w a r u u u m ? machten ihn weltberühmt und überall, bei den Ärmsten und Reichsten dieser Welt, gleichermaßen beliebt.
Der legendäre Schweizer Adrian Wettach mit dem Künstlernamen Grock bereiste zusammen mit seinem Lehrmeister Umberto Guilleaume alias Antonet die ganze Welt. Seine musikalischen und artistischen Einmaligkeiten ließen Grock sechs Jahrzehnte lang in den bekanntesten und größten Zirkusarenen der Welt spielen. Der Stuhlsprung, der aus einer Panne entstand, machte ihn ebenso berühmt wie sein großer Koffer und die kleine Geige. Es existieren nur wenige Farbfotos von Grock, der 1959 im Alter von 79 Jahren starb.
Aus den alten Bildern habe ich entnommen, daß der Meister vorwiegend in einem grauen Mantel und dunkelroter Hose auftrat.
Die Karos im Mantel sind schon in der rohen Form vorgegeben.
Ich habe sie mit brauner Farbe nachgezogen (Seite 38/39).
Der Koffer ist mit Holzpatina bemalt. Mit dem Patinalappen zuletzt über die hell bemalten Ecken gefahren, erweckt den Eindruck, die Scharniere könnten rostig sein.

Grock auf dem berühmten Stuhl

Locker auf der Stuhllehne sitzend, läßt er uns seine Melodie hören. Sein Gesichtsausdruck ist ganz typisch: stirnrunzelnd – fragend. Mal gemütlich, mal total verblüfft, so hat er sich unzählige Lacher und begeisterten Applaus geholt.

Riesen-Grock

Eben erst aus der Form geholt, sozusagen noch leicht feucht, fünf Minuten vor Redaktionsschluß, bekam ich den wunderschön ausgearbeiteten großen, 8 kg schweren Grock mit der kleinen Geige. Ich freue mich, ihn bald bemalen zu dürfen. Ob er auf die breite Fensterbank zwischen die Blumen oder als Türsteher ins Wohnzimmer kommt, eines weiß ich schon genau: ich werde ihm einen grauen Mantel, dunkelrote Hosen und ganz ausrangierte Schuhe malen, und sein Gesicht wird fragen: waruuuum?

Nit mö-ö-ö-glich

Herald

Charlie Chaplin

Charlie Chaplin, wer kennt ihn nicht! Chaplin, der größte Komiker des Stummfilms.
Er war ein Unterhaltungsgenie, Clown, Künstler, Filmschauspieler, Autor, Regisseur.
Seine weltberühmte Melone, der Oberlippenbart und der nicht wegzudenkende Bambusstock sind seine unverkennbaren Merkmale.

Ich kann mir diese Figur außer in Rohweiß eigentlich nur in den Originalfarben Schwarz-Weiß-Grau vorstellen.

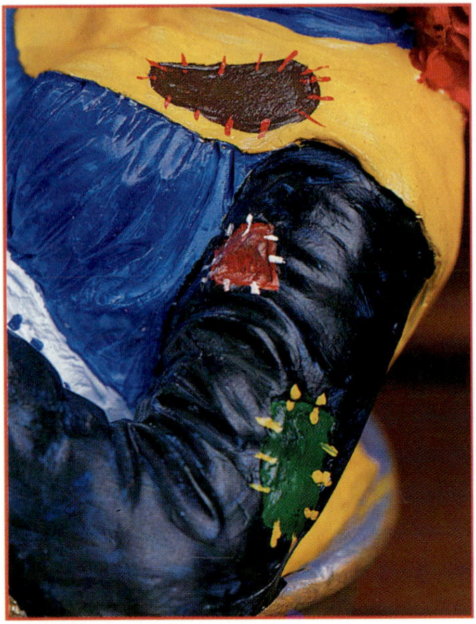

Gardi Hutter

Sie ist eine der ganz wenigen Clownfrauen.
Als hübsche, kleine, zierliche und sensible Person hat sie sich nach der Schauspielschule einen Traum erfüllt: sie wurde Clown.
In dieser Rolle kann sie sich austoben, die Emanze spielen oder komisch sein, vielleicht gerade deshalb, weil sie als Clown provokativ das Gegenteil ihres eigenen feinen Charakters darstellen kann.
Die Figur zeigt die schweizerische Künstlerin in der Szene:
‚Gardi Hutter am Waschtag'.

Kleine Typologie der Clowns

Neben dem fieberhaften Bemalen der Clownfiguren setzte ich mich sehr intensiv mit dem Thema Clown auseinander. Ich habe Legenden, Geschichten und Biographien über die verschiedensten Clowns gelesen, Videos angeschaut, von ‚Die Kinder des Olymp' bis zu den Filmen über Grock und Chaplin.
Jede freie Minute nutzte ich, um mir alles, was ich über Clowns finden konnte, zu Gemüte zu führen.
Den echten Clowns waren nicht nur Ruhm, Applaus und große Gagen wichtig, sie wollten den Menschen etwas übermitteln und sie für kurze Zeit in eine andere Welt entführen. Lachen sollten sie alle, so richtig herzlich, ob arm oder reich, König oder Bettler, klein oder groß, alle sollten überwältigt und in den gleichen Bann gezogen werden.
Sowohl beschwingt über ein Seil tanzen, Purzelbäume und Saltos schlagen zu können, als auch ein hervorragender Schauspieler und vor allem ein beispielhafter Mimiker, Komiker und nicht zuletzt ein guter Menschenkenner zu sein, dies alles sind Eigenschaften, die ein richtiger Clown in Fleisch und Blut hat.
Botschaften von der Manege bis in die hintersten Bankreihen zu übermitteln, die Menschen für kurze Zeit ihre Sorgen und Nöte vergessen zu lassen und ihnen viele Lacher zu entlocken, das sind die ‚Aufgaben' eines Clowns.

Ein weiser Doktor hat einmal gesagt: „Es ist gesünder, wenn EIN Clown durch's Stadttor kommt, als wenn tausend mit Pillen und Medizin beladene Esel Einzug halten."

Weitere Bücher zu diesem Thema aus dem frechverlag:

TOPP 1809

TOPP 1780

TOPP 1716

TOPP 1550

TOPP 1798

TOPP 1825